AF555413

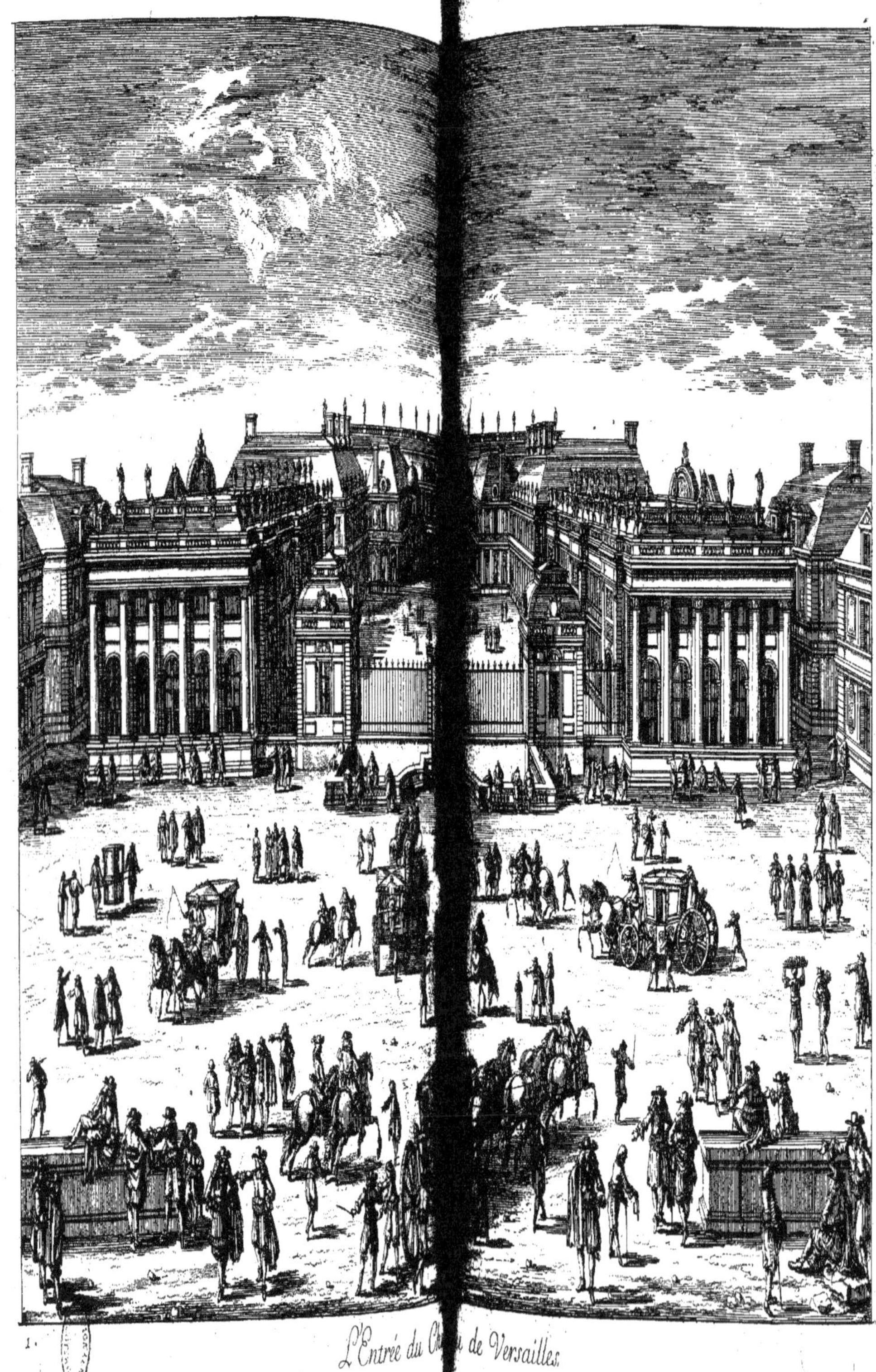

1.

L'Entrée du Ch[illegible]u de Versailles.

F. Poilly ex. cum pri. Re. a l'image St benoist

Perelle del. et Sculp.

LA PRINCESSE D'ELIDE,

Comedie heroïque meslée de Musique, & d'Entrée de Ballet.

A PARIS,
Par ROBERT BALLARD, seul Imprimeur du Roy, pour la Musique.

M. DC. LXIX.
AVEC PRIVILEGE DU ROY.

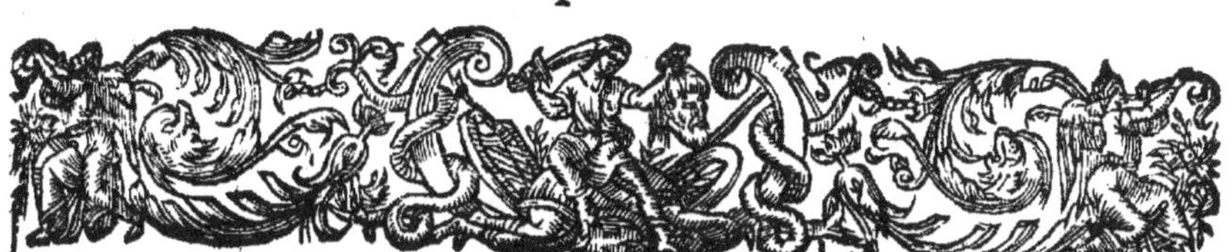

LA PRINCESSE D'ELIDE,

Comedie heroïque meslée de Musique, & d'Entrée de Ballet.

PREMIERE INTERMEDE.

L'Ouverture se fait par vn grand Concert d'Instruments.

RECIT DE L'AVRORE, par Madle Hylaire, qui chante

QVand l'Amour à vos yeux offre vn choix agreable,
Ieunes beautez laissez-vous enflamer:
Mocquez vous d'affecter cét orgueil indomptable
Dont on vous dit qu'il est beau de s'armer:
Dans l'âge où l'on est aymable
Rien n'est si beau que d'aymer.

Soûpirez librement pour vn amant fidelle,
Et brauez ceux qui voudroient vous blasmer;
Vn cœur tendre est aymable, & le nom de cruelle
N'est pas vn nom à se faire estimer:
Dans le temps où l'on est belle
Rien n'est si beau que d'aymer.

Autre Recit Burlesque de Lyciscas, & de trois Valets de Chien, chantans.

Lyciscas. M. De Moliere. *Valets de Chien, chantans.* Messieurs d'Estiual, Don, & Blondel.

CEs trois Valets de Chien, Musiciens, couchez au milieu du Theatre, se réveillent, & pour réveiller aussi Lyciscas leur camarade, chantent les paroles suivantes.

Hola? hola? debout, debout, debout:
Pour la Chasse ordonnée, il faut preparer tout:
Hola? ho debout, viste debout.

Ier.

Iusqu'aux plus sombres lieux le jour se communique,

IIme.

L'air sur les fleurs en perles se resout.

IIIme.

Les Roßignols commencent leur Musique,

Et leurs petits concerts retentiſſent par tout.

TOVS ENSEMBLE.

Sus, ſus debout, viſte debout?
Qu'eſt-cecy, Liciſcas, quoy? tu romfles encore,
Toy qui promettois tant de deuancer l'Aurore?

Parlant à Lyciſcas, qui dormoit.

Allons debout, viſte debout,
Pour la Chaſſe ordonnée il faut preparer tout,
Debout, viſte debout, deſpeſchons, debout.

LYCISCAS en s'eueillant.

Par la morbleu vous eſtes de grands braillars, vous autres, & vous auez la gueule ouuerte de bon matin?

MVSICIENS.

Ne vois-tu pas le jour qui ſe reſpand par tout?
Allons debout, Lyciſcas debout.

LYCISCAS.

Hé! laiſſez-moy dormir encor vn peu, je vous conjure?

MVSICIENS.

Non, non debout, Lyciſcas debout.

LYCISCAS.

Ie ne vous demande plus qu'vn petit quart d'heure?

MVSICIENS.

Point, point debout, viſte debout.

LYCISCAS.

Hé! je vous prie?

MVSICIENS.

Debout.

LYCISCAS.

Vn moment.

MVSICIENS.

Debout.

LYCISCAS.

De grace.

MVSICIENS.

Debout.

LYCISCAS.

Eh.

MVSICIENS.

Debout.

LYCISCAS.

Ie....

MVSICIENS.

Debout.

LYCISCAS.

I'auray fait incontinent.

MVSICIENS.

Non, non debout Lyciſcas debout:
Pour la Chaſſe ordonnée il faut preparer tout;
Viſte debout, deſpeſchons, debout.

LYCISCAS.

Et bien laiſſez-moy, ie vais me leuer: Vous eſtes d'eſtranges gens de me tourmenter comme cela:

Vous

Vous ſerez cauſe que je ne me porteray pas bien de toute la journée ; car, voyez-vous, le ſommeil eſt neceſſaire à l'homme, & lors qu'on ne dort pas ſa refection, il arriue . . . que . . . on eſt . . .

Ier.

Lyciſcas.

IIme.

Lyciſcas.

IIIme.

Lyciſcas.

TOVS ENSEMBLE.

Lyciſcas.

LYCISCAS.

Diable ſoit les brailleurs, je voudrois que vous euſſiez la gueule pleine de bouillie bien chaude.

MVSICIENS.

Debout, debout viſte debout, deſpeſchons debout.

LYCISCAS.

Ah! qu'elle fatigue de ne pas dormir ſon ſou.

Ier.

Hola? oh.

IIme.

Hola? oh.

IIIme.

Hola? oh.

TOVS ENSEMBLE.

Oh! ho! ho! ho! ho.

LYCISCAS.

Oh! ho! ho! ho ¡ ho. La peſte ſoit des gens auec leurs chiens de hurlemens, je me donne au Diable ſi je ne vous aſſomme. Mais voyez vn peu quel diable d'entouſiaſme il leur prend, de me venir chanter aux oreilles comme cela, je....

MVSICIENS.

Debout.

LYCISCAS.

Encore.

MVSICIENS.

Debout.

LYCISCAS.

Le Diable vous emporte.

MVSICIENS.

Debout.

LYCISCAS en ſe levant.

Quoy toûjours? a-t'on jamais veu vne pareille furie de chanter? par le ſang bleu j'enrage, puis que me voila eſueillé il faut que j'éueille les autres, & que je les tourmente comme on ma fait. Allons ho? Meßieurs, debout, debout, viſte c'eſt trop dormir. Ie vais faire vn bruit de Diable par tout, debout debout, debout; Allons viſte, ho, ho, ho? Debout, debout, pour la Chaſſe ordonnée il faut preparer tout, debout, debout, Lyciſcas debout? ho! ho! ho! ho! ho.

Lyciſcas s'eſtant réveillé, avec toutes les peines du monde, va crier aux oreilles de huit autres Valets endormis, qui dançent vne Entrée, pendant que quatre Piqueurs ſonnent du Cor.

Valets de Chien, dançans.
Meſſieurs Beauchamp, S. André, Chicanneau, Fauier, Peſan, L'eſtang, Ioubert, & Noblet.

Les quatre Piqueurs. Mayeu, Michelin, Mathias, & Laquaiſſe.

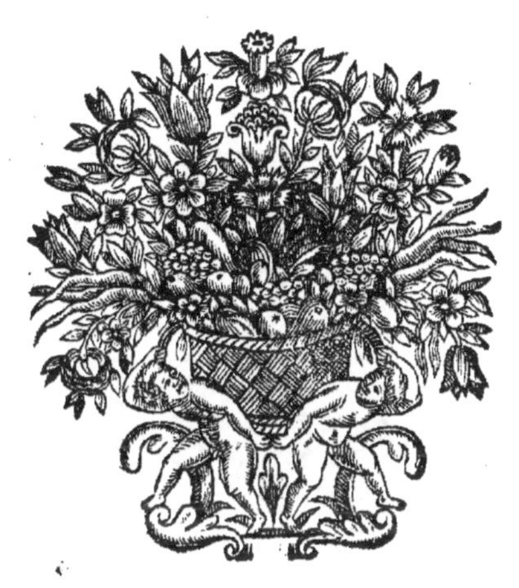

LE PREMIER ACTE de la Comedie.

II. INTERMEDE.

MOron demeurant pour s'entretenir auec les Arbres, & les Rochers, & se joüant auec l'Echo, est interrompu par vn Ours qui le poursuit; & s'en estant deliuré, trouue quatre Valets de Festes qui dançent, & tandis quil les regarde, il sort quatre joueürs de Flustes qui le veulent obliger à tenir leur papier de Musique.

Valets de Festes, Messieurs de Beauchamp, S. André, La Pierre, & Fauier.

Flustes, Les Sieurs Descousteaux, Philebert, Martin Hottere, & Varin.

LE DEVXIESME ACTE De la Comedie.

III. INTERMEDE.

MOron veut obliger Philis, qu'il ayme, à demeurer avec luy. Elle n'y veut point demeurer qu'à condition qu'il ne dira mot, ce qu'il qu'il obſerve vn peu de temps; mais comme il veut rompre ſon ſilence, Elle s'enfuit, & l'oblige, pour aprendre à chanter, d'aller trouver vn Satyre muſicien qui luy chante ſes deux chanſons.

Monſieur D'Eſtiual. *Satyre.*

IE portois dans vne cage
Deux moyneaux que j'auois pris;
Lors que la jeune Cloris
Fit dans vn ſombre boccage
Briller, à mes yeux ſurpris,
Les fleurs de ſon beau viſage:
Helas! dis-je aux moyneaux, en receuant les coups
De ſes yeux ſi ſçauans à faire des conqueſtes,
Conſolez-vous, pauures petites beſtes,
Celuy qui vous a pris eſt bien plus pris que vous.

DAns vos chants ſi doux,
Chantez à ma belle,
Oyſeaux, chantez tous
Ma peine mortelle:
Mais ſi la cruelle
Se met en courroux
Au recit fidelle
Des maux que je ſens pour elle;
Oyſeaux, taiſez-vous.
Oyſeaux, taiſez-vous.

Moron & le Satyre ſe querellent en ſuite; mais leur combat eſt interrompu par quatre Luteurs, amis du Satyre.

Luteurs. Meſſieurs Beauchamp, S. André, Mayeu, & Peſan.

LE TROISIESME ACTE de la Comedie.

IV. INTERMEDE.

PHilis louë la voix de Tircis ſon Amant, ce qui l'oblige à luy chanter ſes paroles.

Monſieur Blondel. *Tircis.*

TV m'eſcoutes, helas! dans ma triſte langueur;
Mais je n'en ſuis pas mieux, ô! beauté ſans pareille!
Et je touche ton oreille.
Sans que je touche ton cœur.

Moron les vient ſurprendre, mais Philis, luy impoſe ſilence pour eſcouter cette chanſon du berger Tirſis.

ARbres eſpais, & vous prez eſmaillez,
La beauté dont l'Hyuer vous auoit deſpouillez
Par le Printemps vous eſt renduë,
Vous reprenez tous vos appas;

Mais mon ame ne reprend pas
La joye, helas! que i'ay perduë.

Moron ſolicité par l'exemple, ſe hazarde à chanter cette chanſon qu'il a faite pour Philis.

TOn extrême rigueur
S'acharne ſur mon cœur,
Ah! Philis je treſpaſſe!
Daignes me ſecourir?
En ſeras-tu plus graſſe
De m'auoir fait mourir?

LE QVATRIESME ACTE de la Comedie.

V. INTERMEDE.

LA Princeſſe pour chaſſer ſon inquietude, oblige vne Bergere à luy chanter cette plainte.

Mademoiſelle Hylaire. *Bergere.*

AH! mortelles douleurs!
Qu'ay-je plus à pretendre?
Coulez, coulez mes pleurs,
Ie n'en puis trop répandre.

Pourquoy faut-il qu'vn tyrannique honneur
Tienne noſtre ame en eſclaue aſſeruie?

Helas! pour contenter ſa barbare rigueur
I'ay reduit mon Amant à ſortir de la vie.
Ah! mortelles douleurs!
Qu'ay-je plus à pretendre?
Coulez, coulez, mes pleurs,
Ie n'en puis trop répandre.

Me puis-je pardonner dans ce funeſte ſort
Les ſeueres froideurs dont je m'eſtois armée?
Quoy donc, mon cher amant, je t'ay donné la mort,
Eſt-ce le prix, helas! de m'auoir tant aymée?
Ah! mortelles douleurs. &c.

LE CINQVIESME ACTE de la Comedie.

VI. INTERMEDE.

TOus les Bergers & toutes les Bergeres du Pays, en réjouïſſance du changement du cœur de la Princeſſe, celebrent par des danſes & des chanſons le pouuoir de l'Amour.

Pluſieurs Paſteurs déguiſez, pour celebrer entr'eux la Feſte de Bachus, viennent diſputer les loüanges que l'on donne à l'Amour: Ils ſe forment entre les vns & les autres vn agreable combat, qui ſe termine par l'vnion des deux partis, ſans le pouuoir commun de l'Amour, & de Bachus.

SILVIE

SILVIE.

ICy l'ombre des ormeaux
Donne vn teint frais aux herbettes,
Et les bords de ces Ruisseaux
Brillent de mille fleurettes
Qui se mirent dans les eaux.
Prenez, Bergers, vos musettes
Ajustez vos chalumeaux,
Et meslons nos chansonnettes
Aux chants des petits oyseaux.

Le Zephire entre ces eaux
Fait mille course secretes,
Et les Roßignols nouueaux
De leurs douces amourettes
Parlent aux tendres rameaux.
Prenez, Bergers, vos musettes,
Ajustez vos chalumeaux,
Et meslons nos chansonnettes
Aux chants des petits oyseaux.

Plusieurs Bergers & Bergeres galantes * mélent aussi leurs pas à tout cecy, & occupent les yeux tandis que la Musique occupe les oreilles.

* *Berger* Chicanne S. André Pierre, Fau *Bergeres* Bonard, nald, Nob Foignart.

CLIMENE.

Ah! qu'il est doux, belle Siluie,
Ah! qu'il est doux de s'enflammer;

Il faut retrancher de la vie
Ce qu'on en passe sans aymer.

SILVIE.

Ah! les beaux jours qu'Amour nous donne
Lors que sa flame vnit les cœurs;
Est-il ny gloire ny Couronne
Qui vaille ses moindres douceurs?

TIRCIS.

Qu'avec peu de raison on se plaint d'vn martire
Que suiuent de si doux plaisirs.

PHILENE.

Vn moment de bon-heur dans l'amoureux Empire
Repare dix ans de soûpirs.

TOVS ENSEMBLE.

Chantons tous de l'Amour le pouuoir adorable,
Chantons tous dans ces lieux
Ses attraits glorieux;
Il est le plus aymable,
Et le plus grand des Dieux.

A ces mots toute la troupe de Bachus arriue, & l'vn d'eux s'auançant à la teste * chante fierement ces paroles.

* d'Estiual.

Arrestez, c'est trop entreprendre,
Vn autre Dieu dont nous suiuons les loix
S'oppose à cét honneur qu'à l'Amour osent rendre
Vos Musettes & vos voix:

A des titres si beaux, Bachus seul peut pretendre,
Et nous sommes icy pour défendre ses droits.

Chœur de Bachus.

Nous suiuons de Bachus le pouuoir adorable,
Nous suiuons en tous lieux
Ses attraits glorieux,
Il est le plus aymable,
Et le plus grand des Dieux.

Plusieurs du party de Bachus meslent aussi leurs pas à la Musique, * & l'on void icy un combat de dançeurs contre dançeurs, & de chantres contre chantres.

* *Suiuans de Bachus dançant.* Beauchamp, Mayeu, Chaueau Lestang. *Bachantes.* Paysan, Mançeau, Ioubert, & Pesan.

SILVIE.

C'est le Printemps qui rend l'ame
A nos champs semez de fleurs;
Mais c'est l'Amour & sa flame
Qui font reuiure nos cœurs.

Vn suivant de Bachus. *

* Gingan.

Le Soleil chasse les ombres
Dont le Ciel est obscurcy,
Et des ames les plus sombres
Bachus chasse le soucy.

Chœur de Bachus.

Bachus est reueré sur la terre & sur l'onde,

Chœur de l'Amour.

Et l'Amour est vn Dieu qu'on adore en tous lieux.

Chœur de Bachus.

Bachus à ſon pouuoir a ſoûmis tout le monde.

Chœur de l'Amour.

Et l'Amour a dompté les Hommes & les Dieu

Chœur de Bachus.

Rien peut-il égaler ſa douceur ſans ſeconde?

Chœur de l'Amour.

Rien peut-il égaler ſes charmes precieux?

Chœur de Bachus.

Fy de l'Amour & de ſes feux.

Le party de l'Amour.

Ah! quel plaiſir d'aymer.

Le party de Bachus.

Ah! quel plaiſir de boire.

Le party de l'Amour.

A qui vit ſans amour, la vie eſt ſans appas.

Le party de Bachus.

C'eſt mourir que de viure, & de ne boire pas.

Le party de l'Amour.

Aymables fers,

Le party de Bachus.

Douce victoire.

Le party de l'Amour.

Ah! quel plaiſir d'aymer.

Le party de Bachus.

Ah! quel plaiſir de boire.

Les deux partis.

Non non c'eſt vn abus,

Le plus grand Dieu de tous.

Le party de l'Amour.

C'eſt l'Amour.

Le party de Bachus.

C'eſt Bachus.

Vn berger ſe jette au milieu de cette diſpute * & chante ces Vers aux deux partis.

* Le Gros.

C'eſt trop, c'eſt trop, Bergers, hé pourquoy ces debats?
Souffrons qu'en vn party la raiſon nous aſſemble,
L'Amour a des douceurs, Bachus a des appas,
Ce ſont deux Deïtez qui ſont fort bien enſemble,
Ne les ſeparons pas.

Les deux Chœurs enſemble.

Meſlons donc leurs douceurs aymables,
Meſlons nos voix dans ces lieux agreables,
Et faiſons repeter aux Echos d'alentour
Qu'il n'eſt rien de plus doux que Bachus & l'Amour.

FIN.

www.ingramcontent.com/pod-product-compliance
Lightning Source LLC
LaVergne TN
LVHW020508230826
846091LV00008BA/3401

* 9 7 8 2 3 2 9 6 2 5 8 9 8 *